Ronny Just/Matthias Müller

Fantasievolle Bewegungslandschaften

32 Ideenkarten fürs Kinderturnen mit 3- bis 6-Jährigen

Mit Illustrationen von Nikolai Renger

Erläuterung der Symbole:

mit Musik

Bewegungen nachahmen

Alle Bewegungslandschaften sind praxiserprobt, ihre Durchführung erfolgt jedoch auf eigene Gefahr. Die Planung entsprechender Sicherheitsmaßnahmen muss durch den Übungsleiter gewährleistet sein. Eine Haftung der Autoren oder des Verlages ist ausgeschlossen.

www.herder.de

Umschlaggestaltung: SchwarzwaldMädel, Simonswald
Illustrationen außen und innen: © Nikolai Renger, Karlsruhe

Layout, Satz und Gestaltung: Arnold & Domnick, Leipzig
Herstellung: Tien Wah Press
Printed in Malaysia

ISBN: 978-3-451-32667-7

Inhalt

Im Interesse der besseren Lesbarkeit wird stets der Leser bzw. der Übungsleiter angesprochen und auch meist die männliche Form verwendet, wenn von pädagogischen Fachkräften die Rede ist. Selbstverständlich sind damit aber immer Leserinnen und Leser bzw. weibliche und männliche Fachkräfte gleichermaßen gemeint.

Ein Wort vorweg

Bewegung und Sport sind die besten Voraussetzungen für Gesundheit, Körperwahrnehmung und Wohlbefinden.
Besonders bei Kindern wird die Freude an Bewegung und das Bedürfnis danach sichtbar. Attraktive und sorgfältig durchdachte Angebote unterstützen den ausgeprägten Bewegungsdrang der Kinder und geben Raum zur eigenen Entfaltung.
Die vorliegenden Bewegungslandschaften richten sich an pädagogische Fachkräfte, die Sport- bzw. Bewegungsangebote mit Kindern im Alter von 3 bis 6 Jahren anbieten.

Alle 32 Karteikarten sind einheitlich aufgebaut und nach den 4 Themen **Freizeitspaß**, **Weltreise**, **Märchen & Geschichten** und **Zeitmaschine** sortiert. Zu jedem Thema gibt es 8 Bewegungslandschaften.
Auf der **Vorderseite** sind das Thema, die Bewegungslandschaft, benötigte Materialien und Variationen abgebildet.
Auf der **Rückseite** wird der Stundenablauf detailliert beschrieben und wenn nötig ein Verweis zum Begleitheft gegeben.

Im Mittelpunkt jeder Sportstunde steht die erlebnisorientierte und bewegungsreiche Förderung des Kindes in den Bereichen:

Motorik: Dieser Bereich umfasst alle Bewegungen des Körpers. Er unterteilt sich in Grobmotorik, Feinmotorik und Mundmotorik.

Kognition: Beinhaltet bewusste und unbewusste Wahrnehmungs-, Denk-, Sprach- und Erinnerungsprozesse.

Sensomotorik: Hier geht es um das Zusammenspiel von Bewegung und einem Sinnesorgan (z. B. Auge, Ohr, Haut).

Psychomotorik: Die Verbindung von psychischen Vorgängen (z. B. Wahrnehmen, Denken und Fühlen) und motorischen Bewegungsabläufen wird als Psychomotorik bezeichnet.

Diese Entwicklungsbereiche können durch folgende Merkmale unterstützt werden:

Zeit: Ein angemessener Bewegungszeitraum ist wichtig, um dem Kind die Möglichkeit zu geben, seine konditionellen und koordinativen Fähigkeiten weiterentwickeln und festigen zu können.

Partizipation: Die Berücksichtigung von Ideen der Kinder unterstützt deren Autonomie und lässt Selbstwirksamkeit und Wertschätzung sichtbar werden.

Kreativität: Die Anregung der Fantasie des Kindes ermöglicht es, in andere Welten einzutauchen und neue Perspektiven einzunehmen.

Die einzelnen Themen der Bewegungslandschaften ermöglichen einen spielerischen Zugang zu Bildungsinhalten.

Ein ausgeglichenes Zusammenspiel zwischen der Umsetzung einer sportlichen Tätigkeit und der Vermittlung von Bildungsinhalten fördert das Kind ganzheitlich in seiner Entwicklung.

Organisation

Hinweise und Tipps zur Planung

1. Freies Spielen und Toben (ca. 5 Min.): Um dem natürlichen Bewegungsdrang der Kinder gerecht zu werden, stehen zu Beginn kleine Bälle und andere Kleingeräte zur Verfügung. Dieser Teil wird zu Beginn jeder Stunde empfohlen.

2. Aufwärmphase (ca. 15 bis 20 Min.): Die Aufwärmphase dient der Vorbereitung des Körpers auf die kommende sportliche Belastung. Hier werden verschiedene Fortbewegungsarten und kleine Spiele durchgeführt.

3. Aufbau/Abbau (ca. 5 Min.): Durch Einbezug der Kinder in die Organisation werden Partizipation, Teamfähigkeit und der Sinn für Ordnung vermittelt.

4. Hauptteil (ca. 15 bis 25 Min.): Die Kinder können die Stationen der Bewegungslandschaft frei nutzen. Der Übungsleiter kann im Vorfeld die Häufigkeit der Übungen vorschlagen und gemeinsam mit den Kindern festlegen.

5. Abschlussspiel (ca. 5 bis 10 Min.): Das Abschlussspiel kann passend zum Stundenthema gewählt oder von den Kindern ausgesucht werden.

6. Stundenausklang/Entspannung (ca. 5 bis 10 Min.): Ein ruhiger Stundenausklang, am besten passend zum Thema, rundet die Bewegungsstunde ab.

Durchführung

Didaktisch-methodische Hinweise zur Umsetzung

1. Konzentration: Im Verlauf einer Sportstunde ist die Aufmerksamkeit der Kinder nicht gleich hoch. Ein vielseitiges Bewegungsangebot, abwechselnde Phasen von Spannung und Entspannung sowie freie neben angeleiteten Bewegungsaufgaben erleichtern den Kindern die Konzentration.

2. Anschaulichkeit: Um den Kindern den Ablauf einer Übung verständlich zu machen, ist es vorteilhaft, unbekannte Übungen zu Beginn selbst vorzuführen oder von einem Kind vormachen zu lassen.

3. Regeln: Um die Verletzungsgefahr zu minimieren, sind verbindliche Regeln wichtig. Diese können bereits beim Aufbau sowie bei der Vorstellung einzelner Übungen besprochen werden.

4. Organisation: Oft stehen Übungsleiter beim Aufbau einzelner Bewegungslandschaften vor organisatorischen Herausforderungen. Wenn zudem nicht alle Materialien zur Verfügung stehen, sind endgültig Kreativität und Improvisationstalent gefragt. Durch Alltagsmaterialien (z. B. Zeitungen, Dosen und Kartons) lassen sich alternative Stationen gestalten und in die Sportstunde integrieren.

Auf Los geht`s los

Kurzbeschreibung der Spiele

Alle meine Entchen: Ein Teil der Kinder steht als Entchen auf einer Hallenseite, ein weiterer Teil wartet als Wölfe am seitlichen Hallenrand. Ein Kind ist die Entenmutter. Es steht auf der gegenüberliegenden Seite und ruft: „Alle meine Entchen, kommt nach Haus!" Die Entchen antworten: „Wir können nicht, der Wolf steht vor der Tür." Die Entenmutter antwortet: „Versucht es doch." Daraufhin laufen alle Kinder los. Die Entchen versuchen zur Entenmutter zu gelangen und die Wölfe versuchen die Entchen zu fangen. Es werden mehrere Durchgänge mit wechselnder Entenmutter gespielt. Die gefangenen Entchen können auf die Seite der Wölfe wechseln.

Brückenwächter: Auf der Mittellinie steht der Brückenwächter. Alle anderen Kinder stehen auf einer Hallenseite und versuchen nach dem Startsignal auf die andere Hallenseite zu wechseln, ohne vom Brückenwächter gefangen zu werden. Dieser darf sich aber nur auf der Mittellinie von rechts nach links bewegen. Wer gefangen wurde, wird ebenfalls ein Brückenwächter. Die Kinder spielen so lange, bis die überwiegende Mehrheit Brückenwächter geworden ist.

Der Fuchs kommt aus dem Bau: In jeder Hallenhälfte liegt eine Matte. Die Kinder versuchen von der einen Matte auf die andere zu gelangen, dabei können sie Tiere ihrer Wahl nachahmen. Ein bis zwei Kinder werden vorab als Füchse ausgewählt. Der Übungsleiter ruft zu einem selbst gewählten Zeitpunkt: „Der Fuchs kommt aus dem Bau." Daraufhin laufen die Füchse los und versuchen die anderen Kinder zu fangen. Die Kinder können sich auf die Matten retten. Die Füchse werden anschließend gewechselt oder die gefangenen Kinder unterstützen die Füchse.

Bäumchen wechsel dich: Dieses Spiel ist auch als *Reise nach Jerusalem* bekannt. Die Kinder bewegen sich dabei um eine Reihe von Reifen. Auf ein Signal hin (z. B. wenn die Musik ausgeht) muss sich jedes Kind einen Reifen suchen. Ein Reifen ist zu wenig und es bleibt immer ein Kind übrig. Dieses Kind kann eine Sonderaufgabe erhalten und spielt danach weiter.

Feuer, Wasser, Sand: Die Kinder bewegen sich frei durch die Halle. Der Übungsleiter ruft einen der Begriffe *Feuer*, *Wasser*, *Sand*. Daraufhin müssen die Kinder zu bestimmten Punkten in der Halle rennen. Bei Feuer z. B. zur Tür, bei Wasser z. B. auf Bänke und bei Sand legen sie sich z. B. auf den Boden. Das Spiel kann um weitere Begriffe wie Sturm (z. B. alle Kinder halten sich an den Händen fest) und Eis (z. B. alle Kinder bleiben stehen) ergänzt werden.

Wald, Wiese, Fuchs: Die Kinder bewegen sich durch die Halle. Der Übungsleiter ruft entweder *Wald*, *Wiese* oder *Fluss*. Die Kinder müssen daraufhin zu festgelegten Punkten in der Halle laufen. Allerdings werden ein bis zwei Kinder im Vorfeld als Fuchs ausgewählt. Wenn der Übungsleiter *Fuchs* ruft, müssen alle Kinder vor den Füchsen davon laufen, während diese versuchen die Kinder zu fangen.

Haschen/Fangen: Ein kleiner Teil der Kinder bildet die Fänger und versucht die anderen Kinder zu fangen. Es bietet sich an, die Fänger gut zu kennzeichnen (z. B. durch grelle Bänder). Dieser Grundgedanke kann in mehrerer Hinsicht variiert werden:
1. Variation: Gefangene Kinder können die Fänger unterstützen.
2. Variation: Gefangene Kinder bleiben stehen und müssen warten, bis alle gefangen sind. Durch Berührung oder durch die Beine kriechen der noch nicht gefangenen Kinder können diese befreit werden.
3. Variation: Die Kinder wählen ein Tier und imitieren die dazugehörige Fortbewegungsform während des Spieles.

Haltet das Feld voll: Die Gruppe wird in zwei Mannschaften aufgeteilt, welche sich an den beiden Grundlinien der Halle gegenüber stehen. An beiden Grundlinien liegt ein Korb mit der gleichen Anzahl an Bällen. Die Kinder müssen nun versuchen, so schnell wie möglich auf die andere Seite zu laufen, einen Ball zu nehmen und in den eigenen Korb zu legen. Das Bewachen des Korbes ist nicht erlaubt. Bei jedem Lauf darf nur ein Ball transportiert werden. Am Ende des Spiels zählen die Bälle, die innerhalb des eigenen Korbes liegen.

Herr Fischer, Herr Fischer: Alle Kinder stehen auf einer Hallenseite. Ein Kind ist der Fischer und steht auf der gegenüberliegenden Seite. Die Kinder rufen: „Herr Fischer, Herr Fischer, wie tief ist das Wasser?" Der Fischer antwortet mit einer frei gewählten Tiefe (z. B. 100 m). Die Kinder fragen ihn erneut: „Wie sollen wir herüber kommen?" Der Fischer nennt je nach Thema eine Fortbewegungsform (z. B. Hüpfen), ein Tier (z. B. Krokodil) oder eine Tätigkeit (z. B. Rudern). Das Spiel kann beliebig oft wiederholt und der Fischer regelmäßig gewechselt werden.

Seilkönig: Ein Kind bekommt ein Seil in die Hose gesteckt und läuft weg. Die anderen Kinder versuchen so schnell wie möglich dieses Seil zu erwischen. Wer es schafft, ist der neue Seilkönig.

Herr Kaiser, Herr Kaiser: Alle Kinder stehen auf der einer Hallenseite. Ein Kind ist der Kaiser und steht auf der gegenüberliegenden Seite. Die Kinder rufen: „Herr Kaiser, Herr Kaiser, welche Farbe dürfen wir nicht tragen?" Der Kaiser antwortet (z. B. Rot). Alle Kinder rennen zur Gegenseite und der Kaiser versucht die Kinder zu fangen, die die ausgewählte Farbe an ihrer Kleidung tragen. Das Spiel kann beliebig oft wiederholt und der Kaiser regelmäßig gewechselt werden.

Kleine Fische, große Haie: Ein Teil der Kinder spielt die Haie und nimmt in der Hallenmitte Platz. Die anderen Kinder sind kleine Fische und bewegen sich von einer Matte zu einer anderen, die in unterschiedlichen Hälften der Halle liegen. Auf ein Signal hin (z. B. „Hai-Alarm") können die Haie die kleinen Fische in der ganzen Halle außer auf den Matten fangen. Die Fische, die gefangen wurden, können zu Haien werden. Das Spiel kann so lange wiederholt werden, bis alle Kinder zu Haien geworden sind.

Polizei und Dieb: Die Gruppe wird in zwei Mannschaften aufgeteilt, die sich an beiden Hallenseiten gegenüber stehen. Auf ca. 1/3 des Laufweges der Diebe liegt für jeden Dieb ein Schatz bereit. Auf ein Startsignal hin müssen die Diebe den Schatz holen und wieder zurück an die eigene Grundlinie laufen. Zeitgleich laufen die Polizisten los und versuchen die Diebe zu fangen, bevor sie ihr Ziel erreichen können. Der Abstand der Schätze darf für die Diebe von Runde zu Runde schwieriger gemacht werden. Danach werden die Gruppen gewechselt.

Inselspiel: Die Kinder bewegen sich um eine Reihe von Matten. Wenn die Musik ausgeht, müssen sie sich alle auf den Matten einfinden. Die Anzahl der Matten wird mit jedem Durchgang verringert, somit wird es für die Kinder immer schwieriger, auf den Matten Platz zu finden. Um am Ende gemeinsam auf einer Matte stehen zu können, müssen die Kinder eng zusammenrücken und einander festhalten.

Umgucker: Ein Kind ist der Umgucker und stellt sich mit dem Rücken zur Gruppe auf die andere Hallenseite. Die anderen Kinder versuchen sich langsam an den Umgucker heranzuschleichen. Wenn dieser sich aber umdreht, müssen alle Kinder sofort stehen bleiben. Bewegt sich noch ein Spieler, muss dieser drei Schritte rückwärts gehen oder sogar bis an die Startlinie zurück. Wer zuerst den Umgucker berührt, wird in der nächsten Runde der neue Umgucker.

Rübenziehen: Alle Kinder liegen auf dem Bauch in einem engen Kreis mit dem Kopf nach innen. Nachdem sich jedes Kind mit seinen Armen fest bei seinen Nachbarn eingehackt hat, beginnt nun der Bauer (ein weiteres Kind) einzelne Rüben zu ziehen. Gelingt ihm dies bei einer Rübe, so hilft diese dem Bauern bei den anderen Rüben. Wurde eine Rübe gezogen wird das Spiel kurz unterbrochen, bis der Kreis wieder fest verschlossen ist.

Labu Labu: Mit Seilen oder Bänken wird eine Gasse gebaut. An diesen Markierungen stehen die Übungsleiter. Die Kinder versuchen sich möglichst kreativ durch die Gasse zu bewegen, ohne von den Übungsleitern berührt zu werden. Wenn ein Kind berührt wird, unterstützt es die Übungsleiter. Der Schwierigkeitsgrad kann durch die Gassenbreite variiert werden.

Wäscheklammerklau: Ein Kind oder ein Übungsleiter liegt in der Hallenmitte und hat sehr viele Wäscheklammern an seiner Kleidung. Die restlichen Kinder schleichen sich an und versuchen eine Wäscheklammer zu stehlen. Dabei müssen sie aber sehr leise sein, damit der Bestohlene nicht aufwacht.
Variation: Wenn alle Kinder einen Teil der Wäscheklammern haben, werden diese am T-Shirt angebracht und sie müssen sich die Wäscheklammern gegenseitig abjagen.

Schlafender Riese: Ein Kind oder der Übungsleiter stellt sich schlafend. Vor ihm liegen einige Schätze (z. B. Bausteine, Bälle), die er bewachen soll. Die anderen Kinder schleichen sich leise an den Riesen heran und wollen seine Schätze stehlen. Doch sie müssen ganz leise sein, sonst wacht der Riese auf und holt sich seine Schätze zurück. Der Spielverlauf kann sehr gut gesteuert werden, wenn ein Übungsleiter der Riese ist.

Pferderennen: Die Kinder gehen paarweise zusammen. Ein Kind ist das Pferd und das andere der Reiter. Die Pferde werden mit Seilen oder Reifen eingespannt. Alle Gespanne gehen nebeneinander an die Startlinie. Nach dem Start läuft jedes Pferdegespann z. B. 3 Runden.

Zauberer: In der Mitte des Spielfeldes steht der Zauberer. Wenn er seinen Arm mit dem Zauberstab hebt, könnte er die anderen Kinder z. B. in ein Tier verwandeln. Die verzauberten Kinder laufen langsam als das genannte Tier auf den Zauberer zu. Sobald er aber den Zauberstab fallen lässt, ist der Bann gebrochen und alle Kinder müssen los rennen. Der Zauberer versucht einen der anderen Spieler zu fangen, welcher dann zum neuen Zauberer wird.

Hokus Pokus Fidibus

Tanz nach dem Lied von Fredrik Vahle

Refrain

Hokus Pokus Fidibus
der Zauberer hat Hexenschuss,
doch seine Frau, die Zauberin,
die kriegt das wieder hin.

Der Zauberer sitzt auf dem Boden und die Zauberin tanzt um ihn herum.

Strophe 1

Sie legt die Hände auf sein' Kopf.
Das tut dem Zaubrer gut.
Die Hände von der Zauberin
sind wie ein warmer Hut.

Die Zauberin legt ihre Hände sanft auf den Kopf des Zauberers.

Strophe 2

Sie legt die Hände auf die Ohr'n,
jetzt kann der Zaubrer lauschen.
Er hört in ihren Händen drin
ein Grummeln und ein Rauschen.

Die Zauberin legt die Hände sanft auf die Ohren des Zauberers.

Strophe 3

Sie streichelt ihm die Schultern sanft,
da soll'n ihm Flügel wachsen.
Dann braucht er nicht mehr so viel gehen,
kriegt keine müden Haxen.

Die Zauberin streichelt vorsichtig über die Schultern des Zauberers.

Strophe 4

Sie drückt mit ihren Daumen sacht
die Wirbelsäule runter.
Ganz langsam bis zur Hüfte geht's,
das macht den Zaubrer munter.

Die Zauberin drückt vorsichtig mit den Daumen am Rücken des Zauberers entlang.

Strophe 5

Sie knetet ihm die Hüften durch,
von hinten bis zum Bauch.
Der Hexenschuss ist schon fast weg,
jawohl, das soll er auch!

Die Zauberin knetet die Hüften des Zauberers.

Strophe 6

Sie streichelt ihm die Füße warm
und drückt sie fest und sacht –
der Hexenschuss ist weg, da steht
der Zaubrer auf und lacht.

Die Zauberin knetet die Füße des Zauberers durch.

Neuer Refrain

Der Zaubrer und die Zauberin,
die reichen sich die Hände
und drehen sich im Kreis herum,
da fliegen alle Wände.

Beide Kinder stehen auf, fassen sich an den Händen und tanzen zu zweit im Kreis.

Im Wellenbad und Wirbelsturm

Übungen mit dem Schwungtuch

■ Die Kinder stehen auf dem Tuch und sollen sich auf Zuruf auf eine Farbe stellen.

■ Das Schwungtuch wird hoch und runter gewirbelt. Erst ganz langsam und dann immer schneller.

■ Alle Kinder ziehen das Schwungtuch gleichzeitig hoch und laufen darunter, ohne das Tuch loszulassen. Dann setzen sie sich hin und ziehen das Tuch hinter ihrem Rücken herunter.

■ Das Schwungtuch wird von allen hoch in der Luft gehalten, während ein paar Kinder darunter stehen. Das Schwungtuch wandert durch die Halle und die sich darunter befindenden Kinder müssen folgen.

■ Auf ein Kommando ziehen alle das Tuch nach oben und alle Kinder einer Farbe laufen unter das Tuch und tauschen die Seite, bevor das Schwungtuch wieder herunter kommt.

■ Auf dem Schwungtuch liegen Bälle, welche durch Wirbeln des Tuches auf und ab springen. Die Bälle dürfen nicht herunter fallen.

■ Zwei bis vier Kinder liegen auf dem Rücken auf dem Schwungtuch. Der Rest der Gruppe hält das Tuch ganz straff und dreht sich so schnell es geht im Kreis. Nach ein bis zwei Runden wird gewechselt.

■ Einige Kinder stehen unter dem Schwungtuch, welches vorsichtig auf und ab bewegt wird. Die Haare der Kinder werden verwirbelt.

Für Seelenbaumler und Traumtänzer

Entspannungsformen und feinmotorische Übungen

Massagen

Autowaschanlage

Die Kinder werden in 2 Gruppen eingeteilt. Die erste Gruppe kniet sich in zwei Reihen an eine kleine Mattenstraße und bildet eine schmale Gasse. Das ist die Waschanlage. Hier bekommt nun jedes Kind eine andere Aufgabe:

- Auto mit Wasser berieseln ▸ *Fingerspiele auf dem Rücken*
- Bürsten ▸ *Rücken, Arme und Beine schrubben*
- Unterbodenwäsche ▸ *Bauch streicheln*
- Radkastenwäsche ▸ *kreisende Bewegungen an Schultern und Hüften*
- Trocknen ▸ *Hände auf dem Rücken rubbeln*

Die zweite Gruppe stellt die kleinen Autos dar, welche auf allen Vieren langsam durch die Waschanlage krabbeln und von den anderen „gewaschen" werden. Jedes Auto darf 2 bis 3 Mal die Anlage durchfahren. Danach wird gewechselt und die andere Gruppe wird massiert.

Igelballmassage

Die Kinder bilden Paare. Ein Kind liegt zuerst auf dem Bauch, während es von dem anderen Kind mit einem Igelball auf dem Rücken, den Armen, dem Po oder den Beinen massiert wird. Nach einer Weile wird gewechselt. Die Massage lässt sich auch im Kreis durchführen. Hierbei wird jeweils der Rücken des Vordermanns massiert.

Partnermassagen

Einbalsamieren: Die Kinder streichen einzeln über die Körperteile des Partners. Nach dem Einbalsamieren mumifizieren sich die Kinder mit Klopapierrollen.

Plätzchen backen: Auf dem Rücken des Partners werden verschiedene Elemente des Backens nachgeahmt. Teig kneten → Teig ausrollen → Plätzchen ausstechen → Blech einfetten → Plätzchen auf das Blech legen → Backen (Wärme durch Reiben) → Zuckerglasur und Streusel verteilen.

Wetter: Die Kinder stellen mit Händen und Fingern verschiedene Wettersituationen dar (z. B. Sonne = streicheln, Regen = Finger tippen, Hagel = stärker tippen, Sturm = kräftig reiben).

KribbelKrabbelTiere: Bei dieser Partnermassage werden verschiedene Tiere nachgeahmt, welche über den Körper des Partners laufen (z. B. Elefant = Stampfen, Schlange = Streichen, Ameisen = Krabbeln, Frösche = Schnappen, Krebs = Zwicken, Katze = Streicheln).

Blumengeschichte

Im Winter ist die Blume nur ein kleines Samenkorn, welches sich unter dem Schnee in der Erde versteckt.	*Alle Kinder sitzen ganz klein auf dem Boden.*
Mit den ersten Sonnenstrahlen im Frühling sprießt das Samenkorn und die Blume beginnt zu wachsen.	*Die Kinder stehen langsam auf und beginnen sich zu strecken.*
Im Sommer strahlt die Blume. Sie zeigt ihre Blätter und wiegt im leichten Wind hin und her.	*Die Kinder wiegen mit ausgebreiteten Armen sanft hin und her.*
Mit dem Herbst beginnt die Blume langsam zu verwelken. Ihre Blätter hängen herab und sie wird immer kleiner.	*Die Arme hängen wieder herunter und die Kinder werden wieder kleiner.*
Aber im nächsten Winter steckt wieder irgendwo ein kleines Samenkorn, welches auf den Frühling wartet.	*Alle Kinder sitzen wieder ganz klein auf dem Boden.*

Kinderyoga

Yoga besteht aus Körperübungen, die der Tier- und Pflanzenwelt nachempfunden sind, sowie Entspannungs-, Atem- und Konzentrationsübungen.
Dabei können unterschiedliche Figuren durch die gleiche Übung dargestellt werden. Auf diese Weise ist genügend Potenzial für mehrere Stunden gegeben.
Bevor die Geschichte erzählt wird, werden die einzelnen Übungen (max. 5 Übungen) mit den Kindern geübt. Dann beginnt der Übungsleiter eine beliebige Geschichte zu erfinden, in der alle 5 Übungen mehrfach vorkommen. Die Kinder müssen bei Nennung einer Figur die entsprechende Übung dazu machen.

Geschichte zu den Charakteren:

Eines Tages ging der kleine Hans spazieren. Er lief über eine weiche Wiese, auf der viele **Blumen** standen. Er musste ganz vorsichtig gehen um keine **Blume** zu zertreten. Es war ein ziemlich warmer Tag und die **Sonne** schien sehr stark. Der kleine Hans fing ganz schön an zu schwitzen und er sehnte sich nach einem schattigen Plätzchen. Er schaute sich um und sah weit und breit nur Wiese und **Blumen**.

Da kam ein kleiner **Vogel** geflogen, der wie wild zwitscherte und mit den Flügeln schlug. Der **Vogel** wollte dem kleinen Hans helfen und ihm ein schattiges Plätzchen zeigen. Also lief Hans hinter dem **Vogel** her.

Die **Sonne** schien immer noch unerbitterlich und der **Vogel** flog ziemlich schnell. Sie kamen an einen kleinen **Berg**. Hans stapfte den **Berg** hinauf und schwitzte vor lauter **Sonne** noch mehr. Doch der **Vogel** trieb ihn immer weiter.

Oben auf dem **Berg** angekommen sah der kleine Hans einen großen **Baum** mit einer prächtigen Krone. Nun freute er sich riesig, denn unter dem **Baum** war ein großes, kühles, schattiges Plätzchen, wo er sich ausruhen konnte. Er winkte dem **Vogel** noch einmal und bedankte sich für seine Hilfe.

Unter dem **Baum**, geschützt vor der **Sonne**, lag er nun auf der weichen Wiese und träumte ein wenig von den schönen **Blumen**, die er am Anfang des Tages gesehen hatte.

Finger-Geister

Wisst ihr, was mir letzte Nacht passiert ist?
Ich lag in meinem Bett und schlief und auf einmal kamen **fünf** (*laut ansagen*) kleine Gespenster in mein Zimmer (*eine Hand mit abgespreizten Fingern kommt hinter dem Rücken hervor*).
Macht mal alle mit und zeigt eure fünf kleinen Gespenster!

Das erste Gespenst ruft: HaHaHaHa	*Daumen bewegen*
Das zweite Gespenst schreit: HeHeHeHe	*Zeigefinger bewegen*
Das dritte Gespenst lacht: HiHiHiHi	*Mittelfinger bewegen*
Das vierte Gespenst spukt: HoHoHoHo	*Ringfinger bewegen*
Das fünfte Gespenst sagt: HuuuuHuuuuHuuuu	*kleinen Finger bewegen*

Die Gespenster flogen ein wenig im Raum herum und setzten sich auf meine Schulter. Sie flüsterten mir ins Ohr: „Wollen wir Freunde sein?"

Da haben wir ein wenig gespielt bis wir müde wurden und gemeinsam schlafen gegangen sind (*es kann zusätzlich ein Traumlied eingespielt werden*). Am nächsten Morgen waren die Gespenster weg und ich fragte mich: „War das alles nur ein Traum?"

Aus Taschentüchern und kleinen Styroporbällen lassen sich einfach und schnell kleine Gespenster basteln, welche während dieser Entspannung ausgeteilt werden. Während die Musik läuft und die Kinder träumen, sammelt der Übungsleiter leise alle Gespenster wieder ein. Die Überraschung ist groß, wenn die Kinder merken, dass alles nur ein „Traum" war.

Fußgymnastik

Eine Fußgymnastik kann mit verschiedenen Materialien wie Tüchern, Murmeln, Taschentüchern, Laub, Kastanien und vielem mehr durchgeführt werden.

Die folgenden Übungen am Beispiel „Zeitung" werden immer barfuß durchgeführt:

- Die Zeitung wird mit den Füßen bis auf Postkartengröße zusammengefaltet und wieder glatt gebügelt.

- Eine Zeitungsseite wird mit den Füßen zu einem Ball zerknüllt und wieder glatt gebügelt.

- Die Zeitungsseite wird in der Mitte mit den Füßen zerrissen. Beide Zeitungshälften werden mit den Füßen gegriffen und die Kinder winken mit ihnen.

- Die Kinder versuchen eine halbe Zeitungsseite im Kreis wandern zu lassen. Dabei wird die Zeitung nur mit den Füßen übergeben.

- Aus mehreren kleinen Zeitungsvierteln formen die Kinder mit den Füßen mehrere kleine Bälle. Mit diesen Bällen spielen sie ein bisschen Fußball oder versuchen sie mit den Füßen in die Luft zu werfen.

- Der Übungsleiter stellt einen kleinen Korb in die Mitte und die Kinder werfen mit den Füßen alle Zeitungsbälle und Schnipsel dort hinein.

Anhang

Kopiervorlage „Schatzsuche“

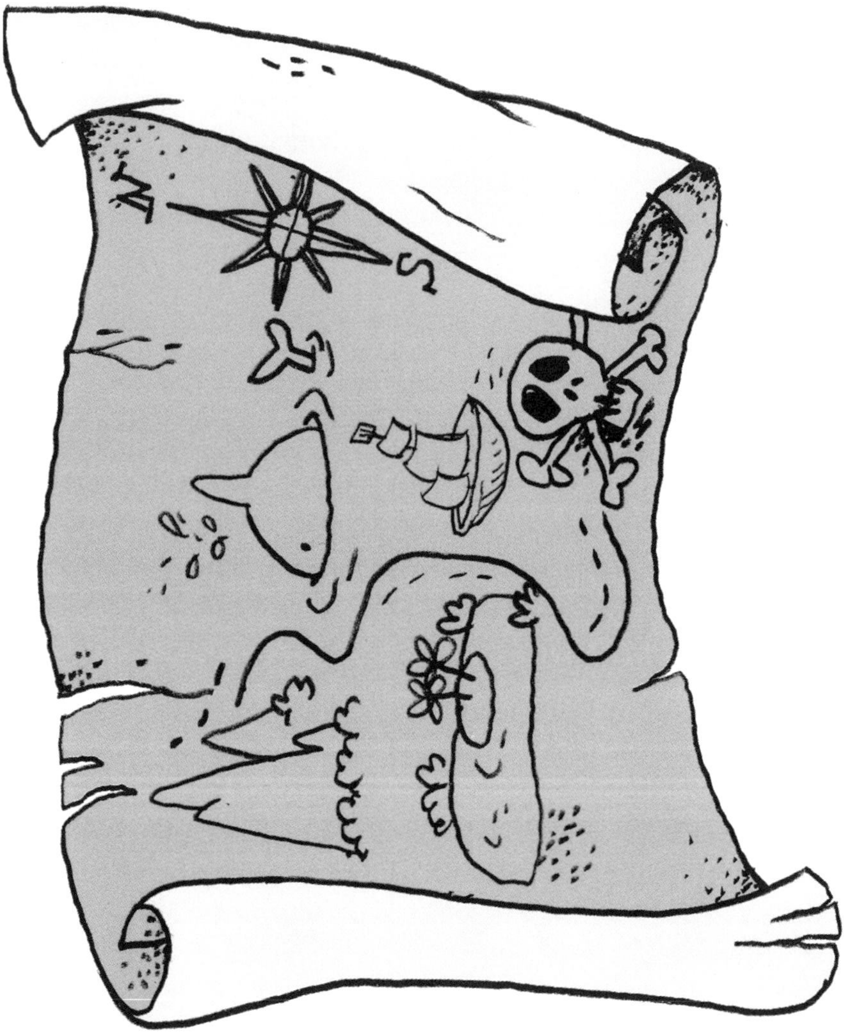

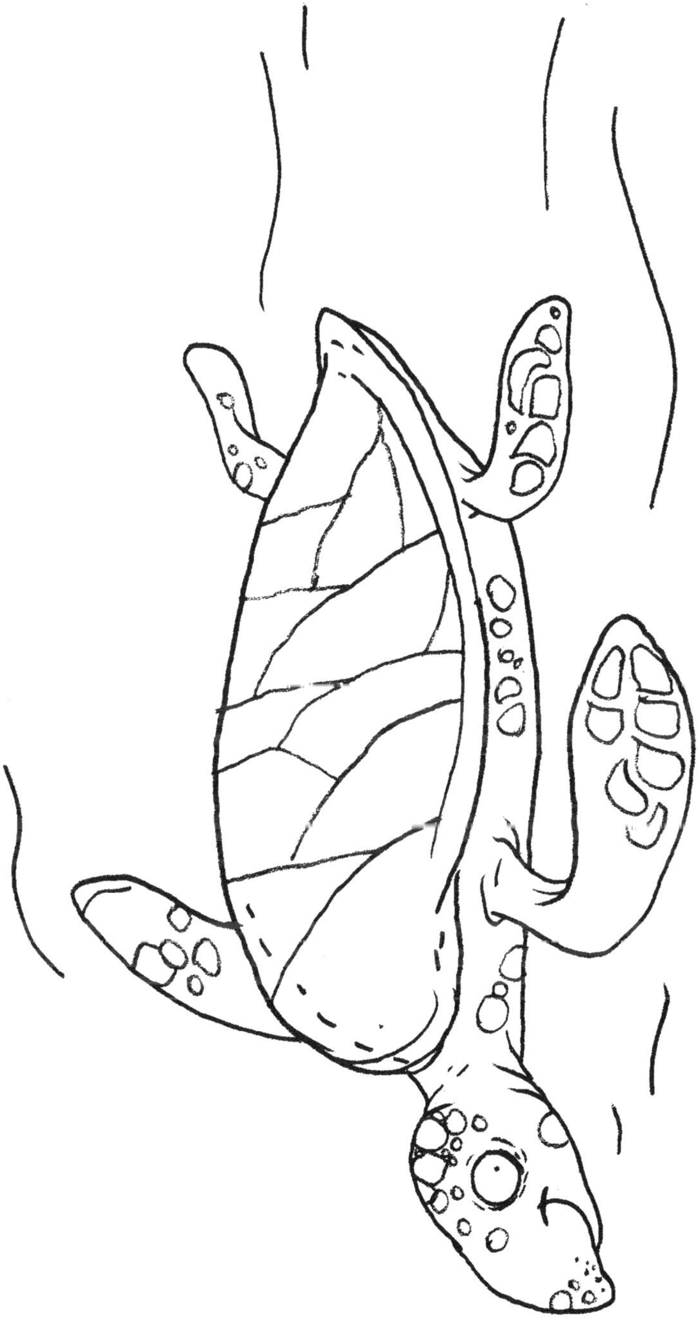

Die Autoren

Ronny Just ist Sportwissenschaftler, Kursleiter und Referent in Jena. Er bietet Eltern-Kind-Turnen und Vorschulsport an und leitet Fortbildungen in Kitas zu Bewegung und Sport.

Matthias Müller ist Erziehungswissenschaftler und als wissenschaftlicher Mitarbeiter an der Friedrich-Schiller-Universität in Jena tätig. Zudem bietet er Kurse im Bereich Vorschul- und Familiensport an.

Danken wollen wir allen jungen Sportlern, die mit hoher Motivation jede Bewegungsstunde ausprobiert haben, dem Universitätssportverein Jena (USV), der uns die Räume und die Ausstattung zur Verfügung gestellt hat und den Mitarbeitern des Verlages Herder, die uns bei der Realisierung dieses Projektes tatkräftig unterstützt haben.

Ronny Just & Matthias Müller

Literaturtipps

Renate Zimmer (2006): Alles über den Bewegungskindergarten. Freiburg: Herder

Renate Zimmer (2008): Handbuch der Bewegungserziehung. Grundlagen für Ausbildung und pädagogische Praxis. Freiburg: Herder

Renate Zimmer (2009): Kreative Bewegungsspiele. Psychomotorische Förderung im Kindergarten. Freiburg: Herder

Andrea Erkert (2011): Beweg-dich-Spiele für Kita, Hort und Schule. Freiburg: Herder

Elke Gulden/Regina Scheer (2011): Der kleine freche Tintenklecks. Musikalische Bewegungsgeschichten. Freiburg: Herder

Sabine Hirler (2012): Wahrnehmungsförderung durch Rhythmik und Musik. Freiburg: Herder

Renate Zimmer/Frederik Vahle (2012): Ping Pong Pinguin. Lieder zur Sprach- und Bewegungsförderung für Kinder von 3 bis 6 Jahren. Freiburg: Herder

Spieleregister

1. Freizeitspaß

Autorennen
Bauernhof
Erlebnisbad
Natur
Spielplatz
Urlaub
Zirkus
Zoo

2. Weltreise

Afrika
Ägypten
Australien
Deutschland
Dschungel
Frankreich
Karibik
Ozean

3. Märchen & Geschichten

Feen und Kobolde
Frau Holle
Geister und Gespenster
Hänsel und Gretel
Hexen und Zauberer
Pippi Langstrumpf
Rotkäppchen
Schneewittchen

4. Zeitmaschine

Dinosaurier
Eiszeit
Indianer
Olympische Spiele
Piraten
Ritter
Schatzsuche
Zukunft